Zwischentöne

Carola gewidmet

Jörn Eller

Zwischentöne

Satire, Heiteres und Besinnliches, in Reime gefasst

Bibliografische Information der Deutschen Bibliothek:
Die Deutsche Bibliothek verzeichnet diese Publikation in der
Deutschen Nationalbibliografie; detaillierte Daten sind im Internet
über
<http://dnb.ddb.de> abrufbar.

© 2005 Jörn Eller
Herstellung und Verlag: Books on Demand GmbH, Norderstedt
ISBN 3-8334-3220-9

Zwischentöne

Zwischentöne – sie begleiten
all die Zwischenmenschlichkeiten,
die uns jeden Tag umgeben.
Auch sie prägen unser Leben.

Jeder hat ein bisschen recht

Wir sollten's nicht verübeln,
scheint ein Gedanke schlecht,
denn jeder hat beim Grübeln
meist auch ein bisschen recht.

Immer lustig

Wer über alles herzlich lacht,
was zu begreifen Mühe macht,
hat, soviel kann ich euch versichern,
den ganzen Tag nur Grund zum Kichern.

Lebensweg

Wenn auch das Rad des Lebens holpert
auf seiner Reise durch die Zeit –
wer über jedes Steinchen stolpert,
dem scheint der Weg besonders weit.

Querweltein

Es sind nicht stets die Weisen,
die querweitein verreisen.
Sie wüssten sonst nach Jahren
nicht mehr, wo sie mal waren.

Kunstverstand

Der größte Künstler weiß letztendlich:
Die wahre Kunst bleibt unverständlich.
Der Kunsthistoriker erklärt
sie trotzdem, was denselben ehrt.

Amt und Würden

Nach Erklimmen aller Hürden
kommt der Mensch zu Amt und Würden
und erkennt, dass nicht nur scheinbar
diese manchmal schlecht vereinbar.

Fehler

Es ist erwiesen und normal:
Der Mensch macht Fehler ohne Zahl.
Die Kunst bestand zu allen Zeiten
darin, sie siegreich abzustreiten.

Kulturdebatten

Hochgeistige Kulturdebatten
gehen nicht immer glatt vonstatten,
weil viele der Kulturstrategen
Kultur nicht mitzubringen pflegen.

Wählerisch

Ein sanfter Mensch ward selten froh,
weil seine Mitwelt ihm zu roh.
Doch kaum traf er auf Ausgekochte,
fand er, dass er die auch nicht mochte.

Sterne vom Himmel

Warum soll der Mensch verstohlen
Sterne hoch vom Himmel holen,
wenn es doch zumeist genügt,
dass er sie herunterlügt?

Schweigende Mehrheit

Man sieht unter Kaninchenzüchtern
die Dinge manchmal allzu nüchtern,
sonst wären bei der Vorstandswahl
Karnickel in der Überzahl.

Begabung

Ein Mitmensch, der sich daran labt,
zu sagen, er sei unbegabt,
erwartet, dass man widerspricht
und ist beleidigt, tut man's nicht.

Schlankheitskur

Die Schlankheitskur, so wird betont,
macht man bei abnehmendem Mond.
Wenn man dann alles richtig abstimmt,
ist's wenigstens der Mond, der abnimmt.

Stadtviertel

Ein Mathematiker versteckte
sich unter seiner Schreibtischplatte,
als er erfuhr, was ihn erschreckte:
dass sein Ort nur drei Viertel hatte.

Statistik

Es zeigen die Statistiker
der Menschheit immer listiger,
dass das, was sie zu wissen glaubt,
teils falsch ist und teils unerlaubt.

Arbeitsprinzip

Wer akkurat zu denken pflegt,
muss auch genau gewichten,
und das, was er zugrunde legt,
erst mal zugrunde richten.

Für das Leben

Da soll es doch den Hinweis geben,
der Schüler lerne für das Leben.
Und dieses Leben lehrt ihn dann:
Das größte Wort führt, wer nichts kann.

Die Hilfsmaschinen

Der Mensch erfand, ihn zu bedienen,
ein ganzes Heer von Hilfsmaschinen.
Doch brachte das nur halben Nutzen,
denn dauernd muss er alle putzen.

Spielregel

Der freie Bürger hat das Recht,
Unsinn zu reden, wenn er möcht'.
Entsprechend handeln darf der Mann
erst dann, wenn er die Wahl gewann.

Wichtige Wichtel

Es hat wohl seine Richtigkeit,
dass mancher Leute Wichtigkeit,
die sie vom Fußvolk unterscheidet,
bei näherer Betrachtung leidet.

Abenteuer

Oft fragt der Mensch, was nebenbei
wohl Tolles zu erleben sei
auf abenteuerlichen Wegen –
und er versichert sich dagegen.

Integration

Die ganze Stadt war auf den Beinen,
um integriert sich zu vereinen,
bis man davon die Finger ließ,
weil niemand wusste, was das hieß.

Der Schein trügt

Allenthalben Ruhm und Ehre
ernten starke Charaktere,
wobei sie nicht immer zeigen,
dass ihnen Charakter eigen.

Zeitdruck

In der Jugend drängte nur
die gefühlsbeschränkte Uhr.
Doch die alten Zeitverschwender
jagt sogar schon der Kalender.

Geistreich

Auch der Dümmste merkt zumeist gleich,
wenn ein Mensch, angeblich geistreich,
die Verehrer dadurch reizt,
dass er mit dem Reichtum geizt.

Unsere Welt

Die schöne Welt, genau betrachtet,
ist teils betagt und teils umnachtet,
hat Schwächen, große wie auch kleine,
doch haben wir halt bloß die eine.

Später Ruhm

Verschiedene Verschiedene,
im Leben oft Gemiedene,
kamen erst nach dem Tode
auf einmal groß in Mode.

Kleiderordnung

Die Menschheit lässt sich unterscheiden
in zweierlei Vertreter,
die sich nach dem Kalender kleiden
oder dem Thermometer.

Guter Rat ist teuer

Medizin und Recht und Steuer –
guter Rat ist immer teuer.
Schnell erfährt man unfreiwillig:
Schlechter Rat ist auch nicht billig.

Kehraus

Sie kehren aus, sie kehren ein,
sie kehren um und kehren heim,
sie kehren, wo sie Lust verspüren,
nur niemals vor den eignen Türen.

Rekordschwimmer

Eine Erkenntnis ist nicht neu:
Rekordschwimmer sind wasserscheu!
Denn würden sie das Wasser lieben,
wären sie länger drin geblieben.

Geistige Halbwertszeit

Als aussagekräftige Maßeinheit
kennt man die geistige Halbwertszeit.
Das ist die Zeit, die jemand verliert,
bevor er etwas zur Hälfte kapiert.

Behördenstress

Die Ämter, die uns allen nützen,
sollen den Bürger unterstützen.
Doch dient so manches Mühewalten
dazu, sich dessen zu enthalten.

Die Mehrwegflasche

Den Menschen, der höchst unbedacht
die gleichen Wege mehrmals macht,
bezeichnet man ob dieser Masche
gemeiniglich als Mehrwegflasche.

Die Selbsternannten

Es ist nur gut, dass die bekannten,
allwissend klugen, selbsternannten
Experten nicht zum Denken neigen!
Sonst würden sie womöglich schweigen.

Behandlungsbedarf

Wenn der Arzt verreisen will,
hält die brave Krankheit still.
Doch sie wird total gefährlich,
wenn er wieder da ist. Ehrlich!

Bahnbrechend

Möglicherweise ist es nur Lüge
oder phantasievoller Wahn,
es sei das Zusammenstoßen der Züge
eine bahnbrechende Erfindung der Bahn.

Das Surfbrett

Mädchen, die nie vom Surfbrett weichen
und selbst schon sehr demselben gleichen,
wissen zumeist auch, welche Knaben
Surfbretter vor den Köpfen haben.

Verborgene Qualitäten

Ein jeder Mensch hat seine Gaben.
Verborgne Qualitäten haben
selbst jene, wo sie so versteckt,
dass wirklich niemand sie entdeckt.

Was kommt danach?

Eine Frage ist in Mode:
Was kommt später, nach dem Tode?
Ganz egal, wie man es nimmt:
Das Finanzamt kommt bestimmt!

Der Musenkuss

Wenn mancher Künstler wirklich wüsste,
dass ihn die Muse gar nicht küsste,
dass sie ihn allenfalls geprügelt,
wäre er weniger beflügelt.

Rat fürs Leben

Begibst du dich in jene Sphären,
wo Katzen deine Wege queren,
wirst du dir besser noch zu Haus klar,
ob deine Mutter keine Maus war.

Auch Pädagogen schwindeln

Manch' ehrbare Pädagogen
haben bei dem Satz gelogen,
dass sie noch vor dreißig Jahren
ausgesprochen fleißig waren.

Der Brunnenfrosch

Ein Brunnenfrosch, der tief im Schacht
über die Dummen draußen lacht,
meint gern, dass er die Welt erlebt,
wenn jemand mal den Deckel hebt.

Lebenslauf

Man fängt klein an und hört klein auf.
Dazwischen liegt der Lebenslauf.
Und man erkennt am Ende klar,
dass der auch nicht viel größer war.

Trübe Aussicht

Die Menschheit trägt den Kopf in der Schlinge.
Der Krieg gilt als Vater aller Dinge.
Der Stein der Weisen scheint jenem verheißen,
welcher ihn aufhebt, um damit zu schmeißen.

Der Volljurist

Ein Anwalt, der gern kräftig tankt
und fröhlich zur Verhandlung schwankt,
gilt, auch wenn er mal nicht voll ist,
doch allgemein als Volljurist.

Schranzen, Schrate und Sexperten

Die Erfahrungen erhärten,
was nicht jedermann gefällt:
Schranzen, Schrate und Sexperten
sind die Herren dieser Welt.

Gute und schlechte Tage

Der Mensch, sofern er klug, ertrage
die guten wie die schlechten Tage.
Denn sind die guten seine Stärken,
wird er die schlechten nicht bemerken.

Das Toppen

Wann wird man wohl den Unfug stoppen,
alles um uns herum zu toppen?
Denn was die Topper auch ersannen –
das Größte waren meist die Pannen!

Her oder hin?

Es zählt zu eines Schreiners Pflichten,
defekte Möbel herzurichten.
Kürzlich ward einer hier gesichtet,
der hat die Möbel hingerichtet.

Meinungen

Wer irrtümlicherweise meint,
dass für ihn stets die Sonne scheint,
ist immerhin nicht so vernagelt
wie der, der glaubt, dass es nur hagelt.

Für den Notfall

Für den Fall eines Falles
weiß man besser nicht alles.
Es wird ausreichen müssen,
alles besser zu wissen.

Fortgeschrittene Musiker

Mit stehenden Ovationen
ließ sich der Dirigent belohnen,
der das Konzert allein bestritten:
Die Künstler waren fortgeschritten.

Orden

Zwei Ministern war die Zeit lang geworden.
Da schufen sie einen neuen Orden.
Weil ihn keiner verdiente, anderweitig,
verliehen sie ihn sich gegenseitig.

Flötentöne

Ein Musiker war schlimm in Nöten,
denn seine Flöte ging ihm flöten,
was er jedoch mit Gleichmut sah:
Zum Flöten war sie schließlich da.

Nette Leute

Manch einer klagt noch nachts im Bett,
die Leute seien nicht mehr nett.
Und dabei fällt ihm gar nicht ein,
auch selbst ein bisschen nett zu sein.

Robbenjagd

Ein Robbenjäger robbte leise
zwischen die Robben auf dem Eise,
die er so treffend imitierte,
dass ihn sein Neffe harpunierte.

Der Ruf

Ein schlechter Ruf entsteht im Nu.
Der gute trifft nicht immer zu.
Deshalb will es mir manchmal scheinen,
am besten sei, man habe keinen.

Berufswahl

Manch einer ahnte schon als Kind,
wie man sein Glück gestaltet,
der Arbeitslosigkeit entrinnt,
indem man sie verwaltet.

Verdiente Langgediente

Wer lebenslang und unverzagt
nur das tut, was sein Meister sagt,
erhält an dessen Wirkungsstätte
den Ehrennasenring mit Kette.

Traurige Fakten

Es zählt zu den traurigen Fakten,
dass all jene schaurigen Nackten,
die an vielen Stränden sich sielen,
nie die sind, die uns nackt gefielen.

Klirrende Kälte

Ein Mann, der sich im Schnee verirrte
und lauschte, wie die Kälte klirrte,
zog sich die Mütze übers Ohr
und hörte nicht mehr, wie ihn fror.

Hilfsbereitschaft

Wenn zwei sich durchgerungen haben,
das Kriegsbeil endlich zu begraben,
kommt meist ein Dritter, hilfsbereit,
der jedem schnell ein neues leiht.

Weichenstellung

Die Muse, die den Künstler küsst,
stellt Weichen für sein Leben.
Wenn es die Pampelmuse ist,
wird man ihm Saures geben.

Höhere Einsicht

Die Obrigkeit ist allezeit
gescheiter als die Untrigkeit,
die das für bare Münze nimmt
und den Beweis führt, dass es stimmt.

Der liebe Mensch

Der Mensch, schon von Geburt an lieb,
wenn er das auch nicht übertrieb,
würde nie raufen oder streiten.
Es sei er denn, er trifft einen zweiten.

Nächstenliebe

Was ein Politiker auch triebe,
stets tut er es aus Nächstenliebe,
wobei er manchmal nicht vergisst,
dass er sich selbst der Nächste ist.

Das fünfte Rad

Von manchem Menschen hört man sagen,
er sei das fünfte Rad am Wagen.
Nur selten fällt den Leuten ein,
er könnte ja das Lenkrad sein.

Kritik an der Welt

Manch' Literat, der kräftig auskeilt,
meint, dass er damit alles ausheilt,
was in der dummen Welt missglückte,
während er sich erfolgreich drückte.

Reizüberflutung

Es ist wohl nur eine Vermutung,
durch schlimme Erfahrung verzerrt:
Hat man wegen Reizüberflutung
schon viele Gehirne gesperrt?

Listen

Vor Wahlen liest man lange Reihen
von Listen sämtlicher Parteien.
Kein Wunder, dass der Wähler glaubt,
dabei sei jede List erlaubt.

Der Fragebogen

Die, die in jeder Lage logen,
erfanden einst den Fragebogen.
Der, der ihn ausfüllt, oft beschwerlich,
tut's deshalb auch nicht immer ehrlich.

Der Sportbericht

Ein Sportbericht ist wunderbar.
Man lernt in jedem Fall:
Das Platte ist der Kommentar.
Das Runde ist der Ball.

Tor des Jahres

Beim Fußball, wo, zumeist gewollt,
der Ball in einen Kasten rollt,
kriegt der, der traf, dafür viel Bares.
Der Torwart gilt als Tor des Jahres.

Besserwisser

Ein Guru, selbstbewusst und ehrbar,
bezeichnet gerne übereilt
den Rest der Welt als unbelehrbar,
wenn der nicht seine Meinung teilt.

Der Heldentenor

Der Heldentenor
tritt selten hervor
mit heldischen Dingen.
Er will sie nur singen.

Kulturschande

Kultur ist, wenn sie einem fehlt,
ein Mangel, den man gern verhehlt.
Doch gilt das selbstverständlich nur
für die paar Leute mit Kultur.

Andere Zeiten

Die Nächte sind nach all den Jahren
auch nicht mehr das, was sie mal waren,
als man noch an Gespenster glaubte
und nicht durch Tür und Fenster raubte.

Die schöne Stadt

Bekanntlich prägt das Bild der Stadt
ein Blumenkasten, so man hat,
weshalb ein Ort, der auf sich hält,
ihn mitten in die Fahrbahn stellt.

Profilierung

Wer Profilierungssüchte hegt,
merkt, wenn sein Mühen Früchte trägt,
dass diese, unreif eingenommen,
nicht immer jedem gut bekommen.

Selbstmitleid

Da war ein Mensch, verbittert, trist,
zu klagen nur bestrebt.
Selbst wenn er nicht gestorben ist,
scheint fraglich, ob er lebt.

Die Hilfreichen

Ein hohes Lob den edlen Sitten
der Leute, welche uns zuweilen,
und ohne, dass wir darum bitten,
recht sonderbaren Rat erteilen.

Staatsgeheimnis

Mit fester Stimme Unsinn reden,
ist zweifellos nicht gut für jeden.
Doch zeigt es sich als ideal
zur Sicherung der Wiederwahl.

Das Sternenzelt

Die Astronomen unsrer Welt
starrten entsetzt zum Sternenzelt.
Sie haben sich fast schlapp geschaut:
Das Zelt war plötzlich abgebaut.

Erlaubnis-Lotto

Wer es zu dürfen meint, weiß gut:
Entscheidend ist meist, wer es tut.
Nur wer es nicht zu dürfen glaubt,
stellt nachher fest: Es war erlaubt.

Umschlagplätze

Als Umschlagplatz benennt man klug
die Stelle, wo ein Boot umschlug.
Infolge der Naturgesetze
gibt's Millionen Umschlagplätze.

Psychotherapeuten

Psychotherapeuten beuten
aus Komplexe bei den Leuten,
welche diese erst im Rahmen
ihrer Therapie bekamen.

Kehrwoche

Er kam, um ihr den Hof zu machen,
sie heftig zu verehren.
Doch sie hielt nichts von solchen Sachen
und ließ den Hof ihn kehren.

Wunderspeise

Die Mutter fütterte Spinat,
damit aus ihren Kindern
vielleicht doch etwas werden tat.
Die wussten's zu verhindern.

Teufeleien

Kann man mal irgendwo Sinnloses lesen,
ist es der Druckfehlerteufel gewesen.
Der Denkfehlerteufel, der schlimmer grassiert,
wird freundlicherweise nicht immer zitiert.

Lebensrückschau

Wir sollten uns den Luxus gönnen,
uns selbst darüber aufzuklären,
was aus uns hätte werden können,
wenn wir etwas geworden wären.

Zeitmangel

Stürzt euch nicht in das Gerangel.
Eile ist Illusion.
Nehmt die Zeit nicht in die Mangel,
dann läuft sie euch nicht davon.

Die Lärmschutzkonferenz

Die Lärmschutzkonferenz enthüllte
den Lärm als schreckliches Erlebnis.
Weil jeder jeden niederbrüllte,
erfuhr man leider kein Ergebnis.

Im Zoo

Wer Tiere liebt, begibt sich froh
und wissbegierig in den Zoo
und sieht erstaunt: Es ist auch hier
der Mensch das sonderbarste Tier.

Der Taucher

Ein Taucher machte einen Fund
und freute sich auf Beute.
Er ging der Sache auf den Grund.
Dort sucht man ihn noch heute.

Schwarzarbeit

Samstag früh, mit Gips und Leiter,
geht ans Werk der Schwarzarbeiter.
Abends eilt zufrieden heim er.
Dann ist auch sein Werk im Eimer.

Touristen

Touristen, die die Welt bereisen
und damit Weltformat beweisen,
kehren heim von Touristenpisten
und schimpfen wild auf die Touristen.

Wahre Geschichte

Dem Leser sind besonders lieb
Geschichten, die das Leben schrieb.
Das Leben freilich hofft vergebens
auf Honorar dafür. Zeitlebens.

Gewichtiges Urteil

Ein Mann, belesen und gelehrt,
ob seines Wissens hochgeehrt,
sitzt über vieles zu Gericht.
Nur selber machen könnt' er's nicht.

Fliehkraft

Katzen wohnt die Fliehkraft inne,
wenn sie mit vergnügtem Sinne,
nutzend die bekrallten Tatzen,
vor dem Tierarzt Kurve kratzen.

Besitz

Besitz macht Sorgen.
Man kann ihn klauen.
Die alles borgen,
sind wohl die Schlauen.

Pöstchensammler

Wer allzu gerne präsidiert
und stets nach neuen Ämtern giert,
kann bei so vielen Plätzen
sich leicht dazwischensetzen.

Das Spiegelbild

Lieber Freund, du kennst dich nicht,
weil du die Erkenntnis fliehst.
Halt' den Spiegel vors Gesicht
und ertrage, was du siehst!

Teamwork

Ein Mann erklärt etwas genau
und sehr geduldig seiner Frau.
Dann sagt sie, endlich informiert,
es ihm, damit er's auch kapiert.

Über das Streben

Gar viele, die ich streben sah,
wurden auch nicht gescheiter.
Das Leben ist zum Leben da.
Danach sehen wir weiter.

Zweierlei Maß

Das Leben ist oft ungerecht:
Dem braven Bürger geht es schlecht.
Nur Gauner werden sanft gepäppelt.
Wer keiner ist, fühlt sich veräppelt.

Das wirkliche Leben

Da hat wer was gelernt und tut es.
Doch was er tut, ist meist nichts Gutes.
Denn jeder, der begnadet dumm,
erkennt das gleich und weiß, warum.

Über den Dingen

Von einem Guru hört' ich singen,
der stand so hoch über den Dingen,
dass er in reiner Ruhe schaute,
wie man ihm seine Schuhe klaute.

Der Kamikaze-Radler

Den Walkman um, die Waden bloß,
so radelt Tarzan gnadenlos
quer durch Gärten, Wald und Steinbruch.
Jeder wünscht ihm Hals- und Beinbruch.

Meeresfrüchte

Was ist das für ein Schurkentreiben?
Die Fischgerichte auf dem Tisch
enthalten oft mehr Gurkenscheiben
als sündhaft teuren Edelfisch!

Stadtgestaltung

Wie Städte zu gestalten seien,
darüber walten die Parteien.
Das Stadtbild freilich leidet stumm
und steht hinfort gequält herum.

Die Sache mit den Hörnern

Die Kleinen lernen von den Großen,
sich früh die Hörner abzustoßen
und kriegen sie zuguterletzt
von Frauen wieder aufgesetzt.

High Technology

Die Werbung sagt uns hochbegeistert,
dass High-Tech alle Hürden meistert.
Der Mensch jedoch, als Low-Tech-Wicht,
der meistert meistens High-Tech nicht.

Geschmacksfrage

Anlass gibt oft zum Verdruss
der Geschmack beim Kunstgenuss.
Dass nicht jeder welchen hat,
steht auf einem andren Blatt.

Jahreswechsel

Ich entsinne mich mit Bangen,
wie schwarz man die Zukunft sah,
als das alte Jahr gegangen
und das neue war nicht da.

Das Standbild

Das Denkmal reiner Größe liebt
die nackte Heldenpose.
Denn wer sich keine Blöße gibt,
braucht selten eine Hose.

Erfolg

Erfolg beruht zu zwei Dritteln
auf manchmal unfairen Mitteln.
Wählt man die Mittel dann fairer,
fällt der Erfolg immer schwerer.

Sparkonzept

Behörden lehren, wie man lebt
und Verluste klein hält,
indem man die Gebühren hebt
und die Leistung einstellt.

Versprechungen

Lasst euch nicht die Hoffnung rauben.
An Versprechen dürft ihr glauben.
Nur, verzeiht mir die Enthüllung,
zweifelt stets an der Erfüllung!

Lehrerschicksal

Ein Mensch wollte leben und sterben
für unregelmäßige Verben,
und fand bald nur unterhaltsam,
dass regelmäßig Gehalt kam.

Gesundes Leben

Wir essen Körner, trinken müde Wässer,
der gute, fette Braten ist verpönt.
Dem Innenleben geht es wieder besser.
Nur unsre Stimmung wird nicht sehr verschönt.

Irrtümer

Der Maulwurf wirft nicht mit dem Maul.
Wen hat schon mal ein Fink geschlagen?
Mir scheint, es ist so manches faul,
was uns die Zoologen sagen.

Zum Schießen

Es nimmt bedrohlich überhand,
was jedermann verdrießt,
dass, wer das Pulver nicht erfand,
am liebsten damit schießt.

Am Puls der Zeit

Ein Mensch verfolgte unverwandt
alles, was in der Zeitung stand.
Dann musste er die Lehre zieh'n:
Das, was er las, verfolgte ihn.

Der Amtsvorstand

Ein Amtsvorstand tat stets das Beste,
wobei er allen nah war.
Doch erst bei seinem Abschiedsfeste
erfuhr man, dass er da war.

Die Nimmermüden

Helden, die unter Schmerz und Krämpfen
mit heißem Herzen weiterkämpfen,
wenn längst kein Feind mehr zu erblicken,
sollte man in den Landtag schicken.

Das Passbild-Syndrom

Wenn man aussieht wie sein Passbild
und deshalb, erfüllt von Hass, schilt
diese fiesen Fotografen,
gibt man zu, dass sie gut trafen.

Vergebliches Hoffen

Wir hoffen bei Unrecht, Intrigen und Kriegen,
der gesunde Menschenverstand möge siegen.
Wahrscheinlich würde er das auch wollen.
Aber er ist seit langem verschollen.

Das Exponat

Da liegt ein Haufen Schrott herum.
Unschlüssig staunt das Publikum.
Je nach des Rezensenten Gunst
wird daraus Abfall oder Kunst.

Siegerehrung

Im FKK-Vereinslokal
steht man vor dem Vereinspokal,
den Schönsten unter Schmerzensschreien
die Anstecknadeln zu verleihen.

Heldensage

Der Mensch, sich vor Gefahren grausend,
entzieht sich ihnen, schleunigst sausend.
Der Held, von Tapferkeit geprägt,
bleibt stehen, bis es ihn erschlägt.

Im Reinen

Wir sind mit den kleinen
Dingen im Reinen.
Aber uns stoßen
vorerst die großen.

Landschaft in Öl

Manch' Künstler müht sich unter Qualen,
sein Vaterland in Öl zu malen.
Essig und Senf gibt dann im Nu
als Würze die Kritik dazu.

Waffengänge

Es zwingt des Menschen Schaffensdrang
zum täglich neuen Waffengang
mit dem gefürchteten Computer,
von dem man niemals weiß: Was tut er?

Alles für die Fitness

Was manche Leute heute treiben,
um körperlich in Form zu bleiben,
beweise ab und zu, so heißt es,
nicht unbedingt die Kraft des Geistes.

Abdankung

Er nahm seinen Hut.
Doch der war zu nichts nütze,
denn er stand ihm nicht gut.
Also nahm er die Mütze.

Das Gegenüber

Wer gerne, teleskopbestückt,
dem Nachbarn in die Fenster blickt,
entdeckt dort manchmal voller Wut
denselben, der das Gleiche tut.

Der Läufer

Es gab einen Läufer, der rannte so sehr,
was konnte er laufen und sprinten,
der jagte das ganze Feld vor sich her
und nie sah ihn einer von hinten.

Lebensnah

Wer nie das echte Leben sah,
schreibt Fernsehstücke, lebensnah.
So gut und schnell es eben kann,
passt sich danach das Leben an.

Der Autofeind

Ein Mann verfolgt mit grimmen Worten
die schlimmen Autos allerorten.
Dann steigt in seines er zufrieden.
Reden und Tun sind oft verschieden.

In der Bar

In der Bar sitzt ein Skelett.
Früher war es ganz adrett.
Doch seit achtzehnhundertvier
wartet es hier auf sein Bier.

Sportlerschicksal

Da hecheln sie mit Hängezunge,
die Kniee weich, fast platzt die Lunge,
und werden Dritte oder Zweite.
Was sagt der Fan? Pfui, welche Pleite!

Zufriedenheit

Wie sind die Menschen doch verschieden!
Der eine ist mit nichts zufrieden,
während der andre, frohgesichts,
völlig zufrieden ist mit nichts.

Gestalten

Wenn wilde Gestalten Gestalten gestalten
und urige Klötze verwandeln,
dann muss man nicht gleich für Zyklopen sie halten.
Es kann sich um Bildhauer handeln.

Das Vereins-Amt

Bevor der Mensch total vereinsamt,
bewirbt er sich um ein Vereins-Amt
und wird, den heut noch niemand kennt,
als Vorstandsmitglied prominent.

Denkanstöße

Wer gerne Denkanstöße gibt,
ist in der Regel unbeliebt,
weil das die etwas trägen Alten
für anstößiges Denken halten.

Zeitvertreibung

Kämpft der eine noch mit Zeitnot,
schlägt der andre schon die Zeit tot.
Notwehr ist das freilich keine,
denn die Zeit flieht von alleine.

Ausbaufähig

Jüngst wurde die Vermutung laut,
die Ämter würden ausgebaut.
Und wer sich dort nicht immer reintraut,
hofft, dass man sie dann nimmer einbaut.

Umwelttragödie

Ein Mitmensch, einer von den netten,
ging nur zu Fuß die Umwelt retten,
bis ihn ein Schützer der Natur
mit seinem Flitzer überfuhr.

Unerklärlich

Ich weiß nicht, was ich meinen soll.
Irgendetwas ist nicht geheuer.
Die Welt ist doch von Schweinen voll
und trotzdem ist das Fleisch so teuer.

Langweiler

Langweiler sind gar fürchterlich.
Sie sprechen immer nur von sich.
Damit entnerven sie fast jeden.
Der will doch selber von sich reden!

Vorsicht beim Denken

Es gäbe so viele Gedanken,
die man sich besser nie macht.
Die Welt käme zwar nicht ins Wanken,
doch der Denker unter Verdacht.

Fernseh-Quiz

Zum Quizgewinn ist nur erlaubt,
was auch der Moderator glaubt.
Leider ist das nicht immer richtig.
Deshalb ist falsch zu raten wichtig.

Im Rudel

Rudel sind tragende Säulen,
oft auch im menschlichen Sein.
Man muss mit den Wölfen heulen.
Oder man heult ganz allein.

Fröhliches Jagen

Bei Treiberlärm und Büchsenkrachen
hört man das Herz des Jägers lachen.
Erst wenn das Halali geblasen,
beginnt der Spaß auch für die Hasen.

Schlechtes Wetter

Ein Mensch starrt voll Verbitterung
durchs Fenster auf die Witterung.
Die aber, wie könnt's anders sein,
grinst schadenfroh zu ihm herein.

Spaß am Leben

Jeder schleppt ein gerütteltes Maß
an Sorgen und anderen Plagen.
Machte das Leben nicht gar so viel Spaß,
wäre es kaum zu ertragen.

Man lernt nie aus

Ein dunkler Raum, ein düstrer Gang,
bedrücken manchen lebenslang,
bis er erkennt im reifen Alter:
Das Licht brennt, greift man nur zum Schalter.

Der Wind

Ob der Wind versteht,
wohin er uns weht?
Wir sollten das regeln
und lernen zu segeln!

Sangeslust

Wenn irgendwer nicht singen kann,
weil man das nicht erzwingen kann,
so findet keiner das empörend.
Nur bei den Sängern wirkt es störend.

Moderne Dichtung

Moderne Dichtung
schafft Dramatik
durch die Vernichtung
der Grammatik.

Verirrung

Wer sich verirrt, wird oft bedauert
ob der Gefahr, die draußen lauert.
Doch gibt's Verirrung auch im Zimmer.
Und die ist häufig noch viel schlimmer.

Mal was Nettes

Jeder Mensch ist genial,
von Berlin bis Herne.
Vielleicht ist das irreal,
doch hört's jeder gerne.

Mündige Bürger

Regierende, sehr hintergründig,
sagen, der Bürger sei längst mündig.
Und dann behandeln sie ihn so,
als sei er dumm wie Bohnenstroh.

Der Keramiker

Ein Künstler formte voll Dynamik
fast jeden Tag ein Stück Keramik.
Die Werke waren hart wie Knochen.
Ihr Schöpfer ist daran zerbrochen.

Der Mensch ist gut

Der Mensch ist tolerant und gut.
Er achtet, was sein Mitmensch tut.
Und sollte der nach andrem streben –
bei Gott, dann kann er was erleben!

Was bringt die Zukunft?

Wie's mit uns allen weitergeht,
bleibt rätselhaft für jeden.
Denn nur, wer nichts davon versteht,
mag laut darüber reden.

Unnahbar

Manche Mädchen sind so fein,
steif und respektabel,
beißt der Storch die mal ins Bein,
bricht er sich den Schnabel.

Volkes Stimme

Gemäß dem Bürgerlichen Recht
geht's Reichen gut und Armen schlecht.
Doch, wie man vor den Wahlen hört,
will es die Mehrheit umgekehrt.

Alles klar?

Beim Staat ist man sehr abgeklärt,
was die Bemühungen erschwert,
die Dinge, die zu klären wären,
schnell und erschöpfend aufzuklären.

Unmöglich?

Was nicht geht, ist halt nicht zu machen.
Da hilft kein Weinen und kein Lachen.
Deshalb empfindet man als dreist
den, der das Gegenteil beweist.

Alle Tassen im Schrank?

Ist ein Schrank nicht voller Tassen,
soll man ihn geschlossen lassen.
Denn nur so lässt sich verhehlen,
dass vielleicht doch welche fehlen.

Subjektiver Eindruck

Die Welt gleicht einem Kneipenregal,
voll Flaschen in langen Reihen.
Das auszuplaudern, ist etwas brutal.
Ich hoffe, man wird's mir verzeihen.

Sein und Schein

Die Dinge sind nicht so, wie sie uns scheinen.
Bloß manchmal sind sie so, wie sie sich geben.
Das lässt sich nicht besonders gut vereinen.
Mit der Erkenntnis muss man eben leben.

Die Speisekarte

Aus Königinnen macht man Pasteten,
aus Jägern bekanntlich Schnitzel.
Die Speisekarte herunterzubeten,
ist ein richtiger Nervenkitzel.

Wahlspruch für Gäste

Der beste Wahlspruch war seit jeher:
Gibt es zu essen, kommt man eher!
Auch achte man den Brauch der Väter:
Gibt es zu trinken, geht man später!

Wissen ist Macht

Ein fleißiger Landwirt, welcher studierte
und zum »Ackerdemiker« diplomierte,
zitierte fast auswendig den Band,
wo der Grund für seine Missernten stand.

Jagd nach Kultur

Die einen sind stets auf der Jagd nach Kultur.
Sie reden ausschließlich davon.
Von den anderen hört man seltener nur.
Die haben sie offenbar schon.

Zug der Zeit

Der Zug der Zeit sei abgefahren,
hört man, wenn man am Bahnsteig steht.
Sei sicher, dass in ein paar Jahren
vom gleichen Platz ein neuer geht.

Van Goghs Ende

Kunstkritiker, heute noch,
fahren hoch aus ihrem Schlaf:
Auf wen zielte Herr van Gogh,
als er sich beim Schießen traf?

Es könnte schlimmer sein

Gib nicht alles gleich verloren!
Eines soll dich trösten:
Wärst du als Kaffee geboren,
würde man dich rösten.

Ruhige Kugel

Wer eine ruhige Kugel schiebt,
den pflegt man zu beneiden.
Doch wer die Ruhe wirklich liebt,
sucht auch das zu vermeiden.

Etwas zum Nachdenken

Glaub' nicht, dass man nichts daran machen kann,
wie einem das Leben erscheint.
Nur wer wirklich über nichts lachen kann,
hat Grund, dass er über sich weint.

Das Schöne an der Kunst

Das ist das Schöne an der Kunst:
Keiner hat einen blassen Dunst,
wovon er redet beim Disput.
Davon gedeiht die Kunst so gut.

Normal-Null

Theoretisch normal sein
kann, selbst wenn es glückt,
die größere Qual sein
als praktisch verrückt.

Literarischer Wert

Es heißt, schreibe man anspruchslos,
dann sei die Zahl der Leser groß.
Liest das Werk dann doch kein Schwein,
muss es wohl sehr wertvoll sein.

Schlüsselerlebnis

Ein Sänger merkte in der Pause:
Sein Notenschlüssel hing zu Hause!
Das Publikum, mit feinem Sinn,
war längst schon auf dem Weg dorthin.

Geheimnisse

Geheimnisse sind oft umweht
von widerlichen Düften.
Denn wer bei ihnen Wache steht,
darf sie ja niemals lüften.

Grenzwerte

Behörden haben, gebührend erschreckt,
im Hallenbad zwei Haie entdeckt.
Sie beseitigten die Gefahr mit Elan
und hoben den Grenzwert auf drei Haie an.

Gefährliches Dichterleben

Es lässt sich keinesfalls bestreiten:
Poeten fuhren ein riskantes Leben,
wenn sie auf Seifenblasen reiten
und ihrem Gaul die Sporen geben.

Warteschleifen

Leute, die etwas gebremster begreifen,
ziehen oft geistige Warteschleifen,
aus denen sie manchmal viel klüger landen
als jene, welche die Weisheit erfanden.

Sinn und Zweck

Die Welt ist, das sei hier enthüllt,
sehr stark von Sinn und Zweck erfüllt.
Der Zweck heiligt zumeist die Mittel.
Den Sinn versteht nicht mal ein Drittel.

Vater Staat

Für Rat und Tat sorgt Vater Staat,
hat stets ein kluges Wort parat.
Offene Fragen bleiben offen.
Wer nicht fragt, darf auf Antwort hoffen.

Affig

Dem Affen wird der Tag verleidet,
sieht er, entgeistert und verstimmt,
den Menschen, der, sogar bekleidet,
sich noch viel affiger benimmt.

Alles ist zu etwas gut

Jeder Nagel in der Wand
hat irgendwo sein Gutes.
Und sei es nur als Wartestand
eines verwaisten Hutes.

Über das Alter

Es heißt oft, die fidelen Alten
würden vom Altbier jung erhalten.
Manch' Jungen hat, eh' er's gedacht,
das Jungseinwollen alt gemacht.

Schwacher Trost

Besonders schlimm erscheint es oft,
bleibt etwas aus, das man erhofft,
während man sich doch freuen sollte,
weil vieles kommt, das keiner wollte.

Hinweis für Helden

Falls du meinst, du seist ein Held,
sage es nur leise.
Wenn's dem Teufel so gefällt,
fordert er Beweise.

Stein vom Herzen

Was uns zur Notzeit aufrecht hält,
nähert sich oft mit Wehen:
Mancher Stein, der vom Herzen fällt,
saust schnurstracks auf die Zehen.

Reise-Snobs

Sie reisen entlang den Küsten des Lichts
und denken sich nichts.
Dank sei den himmlischen Mächten!
Was käme heraus, wenn sie dächten?

Romeo und Julia

An ausrangierten Schiebeleitern
kann auch die größte Liebe scheitern,
wenn er, während sie seiner harrt,
auf die verklemmte Leiter starrt.

Politiker haben es schwer

Politiker haben oft wenig zu lachen.
Sie müssen das Mögliche unmöglich machen
und, neben Festen und anderen Plagen,
die schwere Last der Verdienstkreuze tragen.

Exakte Wissenschaft

Mathematisch definiert
ist, was mit der Welt passiert.
Unklar bleibt, warum die Welt
sich dann doch nicht daran hält.

Stein im Brett

Mancher ist überraschend nett,
obwohl vom alten Zopf geprägt.
Dann hat er einen Stein im Brett,
das er vor seinem Kopfe trägt.

Schonkost

Es fragt die Welt,
ob sich die Schonkost lohnt.
Sie kostet Geld,
wahrend der Koch sich schont.

Der Friedensforscher

Ein Friedensforscher, engagiert,
ward mit dem Faktum konfrontiert,
dass er den lieben, langen Tag
mit seiner Frau im Kriege lag.

Das Alltags-Chaos

Oft würden Eltern gerne lindern
das Alltags-Chaos bei den Kindern.
Die möchten lieber, dass die Alten
es reibungslos am Laufen halten.

Schnelles Schicksal

Das Schicksal erfüllt oft mit großer Hast
ein unüberlegtes Verlangen:
Kaum hat man etwas ins Auge gefasst,
schon ist es ins Auge gegangen.

Ganz gegenseitig

Ein weit verbreitetes Vergnügen
ist es, die Mitwelt zu betrügen.
Die Mitwelt freilich ist nicht dumm
und dreht den Spieß ganz einfach um.

Ehrlich

Wer ganz besonders ehrlich ist,
weiß, dass das sehr gefährlich ist,
weil man ihm ewig unrecht tut
und meint: Der lügt besonders gut!

Alte Leier

Es ist doch stets die alte Leier:
Die Gans gehört dem Gänsegeier,
und alles, was sonst Freude macht,
gehört schon einem, der's bewacht.

Chefallüren

Nicht jeden macht's närrisch,
gibt sich sein Chef herrisch.
Mancher ist nämlich
dafür zu dämlich.

Ewige Jugend

Der ewigen Jugend auf der Spur,
schwört mancher fest auf die Natur.
Er isst nur Grünes, wohnt im Waldhaus,
und sieht trotzdem schon ziemlich alt aus.

Kulturschock

Wenn die Kultur, zur Faust geballt,
dir ungebremst aufs Auge knallt,
gerätst du leicht ins Träumen
vom Leben auf den Bäumen.

Das Recht

Das Recht, auch wenn es manchmal schlecht,
funktioniert doch schlecht und recht.
Es ist nicht ausnahmslos recht schlecht.
Jedem macht man's halt nur schlecht recht.

Der Drachenflieger

Auf einem Berg der Steiermark
fühlte sich auch Herr Meier stark,
bis ihn ein kurzer Drachenflug
zu einem Sturz im Flachen trug.

Hühnergedanken

Ein Küken, das, im Ei versteckt,
schon hört, wie man die Tische deckt,
wird sich vielleicht zum Huhn entfalten,
doch von der Zukunft wenig halten.

Gefühlsmenschen

Ständig zwischen allen Stühlen
sitzen Leute mit Gefühlen,
wobei sie, vor allem hinten,
dies besonders stark empfinden.

Wirkung

Allmählich hört man Kritiken verstummen,
das Fernsehen würde die Menschen verdummen.
Deshalb liegt die Vermutung recht nah,
dass dieses mittlerweile geschah.

Nicht dasselbe

So mancher setzt sein Bestreben darein,
ein ganz ungewöhnlicher Mensch zu sein
und wird, da dieses nicht unentwegt klappt,
als ganz gewöhnlicher Unmensch ertappt.

Mensch und Tier

Man hört des öfteren Beschwerden,
wenn Tiere stark vermenschlicht werden.
Jedoch die selben Stimmen schweigen
bei Menschen, die sich tierisch zeigen.

Dachdeckers Frust

Dachdecken ist ein schweres Fach
und mit viel Frust verbunden:
Stets sucht der Meister *auf* dem Dach,
meist liegt der Lehrling *unten*.

Qualifikation

In einem Zentrum der Kultur
braucht auch die Putzfrau Abitur.
Nur der Direktor hat es leicht,
weil für ihn das Parteibuch reicht.

Das Alphorn

Ein Alphorn auf den Berg zu tragen,
zählt zu den allerschlimmsten Plagen,
weshalb der Arme, der es trägt,
es Albtraumhorn zu nennen pflegt.

Walther von der Vogelweide

Ein Minnesänger namens Walther
sang Oldies aus dem Mittelalter.
Doch ging er, um Kritik zu meiden,
zum Singen auf die Vogelweiden.

Der letzte Mohikaner

Der letzte Mohikaner war
sehr einsam und verdrossen.
Er hatte vor fast einem Jahr
den vorletzten erschossen.

Rundumschläge

Es ist beliebt in unsren Tagen,
rundum auf alles einzuschlagen.
Trifft man dabei die harte Wand,
dann schilt man sie intolerant.

Der Weg zum Frieden

Man sagt, dass jene, die hienieden
gemeinsam auf dem Weg zum Frieden,
dort wegen steter Rangeleien
bis heut nicht angekommen seien.

Für jeden etwas

Das Leben ist mal leicht, mal schwerer.
Die Welt ist weder gut noch schlecht.
Der Optimist hat die Verehrer.
Der Pessimist hat meistens recht.

Anbeginn der Kultur

Ein Weiser suchte die Spur
des Anbeginns der Kultur,
und fand verwundert heraus,
der stünde erst noch ins Haus.

Zeiträuber

Ich meine doch, es geht zu weit,
dass jene, die mit ihrer Zeit
schon selbst nichts anzufangen wissen,
auch noch die unsre stehlen müssen.

Das gute Buch

Wer je ein Buch liest, mancher tut es,
liest selbstverständlich nur ein gutes.
Unklar ist, wo bei solchem Treiben
die vielen schlechten Bücher bleiben.

Parteienstreit

Dem Wähler mag es Frust bereiten,
dass die Parteien ständig streiten.
Doch sei der Pfad auch noch so steinig:
Beim Abkassieren sind sie einig!

Wahrlich

Ein Mensch erkannte voller Klarheit:
Wahrlich, es gibt gar keine Wahrheit,
weshalb er hinfort nur noch log,
dass sich der dickste Balken bog.

Kindersicher

Nichts ist dem Opa hinderlicher
als ein Verschluss, der kindersicher.
Er hat Probleme mit den Dingern.
Der Enkel löst sie mit zwei Fingern.

Tradition

Das menschliche Zusammenleben
heißt schon seit frühen Erdentagen,
erst mal die Welt in Scherben schlagen
und dann zusammen einen heben.

Wünsche

Schmerzen bereitet der Verzicht,
will man etwas und kriegt es nicht.
Weit schlimmer ist der Frust des Falles,
wenn man was will und hat schon alles.

Trainingspartner

Sehr fair bedankte sich der Mann,
welcher den Hürdenlauf gewann,
beim Publikum, dem Trainer und
bei seines Nachbarn scharfem Hund.

Weg nach innen

Ein Mensch, gestresst von seinen Sinnen,
begab sich auf den Weg nach innen,
wo er bei seiner Ankunft sah:
Das Chaos war schon vor ihm da.

Das Bett

Das Bett beherrscht das ganze Leben,
und würde es das Bett nicht geben,
müssten die Bösen wie die Braven
womöglich ganz woanders schlafen.

Die Dinge

Der Philosoph betont, es ginge
um erste oder letzte Dinge,
während wir meistens Ärger kriegen
mit Dingen, die dazwischen liegen.

Hobelspäne

Der Spruch, geläufig beinah' allen,
dass, wo man hobelt, Späne fallen,
hört sich für einen Hobelspan
gar nicht besonders nobel an.

Untiere

Das Untier, wie sein Name sagt,
ist sicherlich kein Tier.
Untiere sind, Gott sei's geklagt,
deshalb wahrscheinlich wir.

Der Sonne nach

Der Snob empfindet es als Schmach,
sich Logik zu gestatten.
So reist er stets der Sonne nach.
Dort hockt er dann im Schatten.

Höhere Logik

Die Arbeitsplatzbeschaffung fordert,
dass man mehr Autos baut und ordert.
Im Kampfe gegen Luftverschmutzung
verbietet man dann die Benutzung.

Pedalritter und Fußvolk

Der Mensch auf dem Veloziped
ist edler als ein Mensch, der geht,
weshalb ihm keiner ernsthaft grollt,
wenn er denselben überrollt.

Was die Welt zusammenhält

Schon Faust erforschte, was die Welt
im Innersten zusammenhält
und fand, verständlich selbst für Laien,
es sei der Filz in den Parteien.

Allerlei Gewürm

Der Holzwurm nagt an manchem Haus.
Holz ist sein Leckerbissen.
Der G'wissenswurm starb leider aus.
Wer hat schon ein Gewissen?

Verfassung

Manch' langjährige Unterlassung
führt zu tätiger Reue:
Ist ein Staat in schlechter Verfassung,
gibt man ihm eine neue.

Warnung für Bequeme

Mensch, ist es dein größtes Sehnen,
dich bequem zurückzulehnen,
kannst auf lehnenlosen Bänken
du dir arg das Kreuz verrenken.

Objektiv betrachtet

Was uns vom Subjektiven bleibt,
wenn sich's am Objektiven reibt,
ist, objektiv betrachtet, oft
viel subjektiver als erhofft.

Falsche Schlüsse

Weil bei einem, der vorbeirennt,
man leicht falsche Schlüsse zieht,
meint man gleich, dass er die Uhr kennt,
weil er nickt, wenn er sie sieht.

Das Chaotenreich

Chaoten möchten, möglichst gleich,
ein eigenes Chaotenreich.
Das Glück wird wohl nicht lange währen.
Wer soll die Armen dann ernähren?

Rückbildung

Ein Mensch, der einst gebildet war,
litt sehr darunter, Jahr für Jahr:
Er fiel auf unter all den Wilden
und fing an, sich zurückzubilden.

Stille Teilhaber

Wenn der Zweck die Mittel heiligt,
werden viele still beteiligt.
Stellt sich dann die Pleite ein,
werden laut sie von allein.

Gipfelsturz

Am Rande eines politischen Gipfels
fielen Beschlüsse in tiefe Spalten
und waren, trotz Festnagelns eines Zipfels,
beim besten Willen nicht mehr zu halten.

Spiegel der Sinne

Man meint vom Menschen, dass er spinne,
wenn er im Spiegel seiner Sinne
verzückt sein Ebenbild betrachtet,
auf das sonst leider keiner achtet.

Die Biosphäre

Es gereicht uns sehr zur Ehre:
Eine ferne Biosphäre
ist noch immer gut instand,
weil sie bisher niemand fand.

Hallo Nachbar

Ein Mann, die Nachbarschaft beäugend
und weit sich aus dem Fenster beugend,
tat dieses heftiger als machbar
und fiel hinab. Grüß Gott, Herr Nachbar!

Schulweisheit

Von den beiden Hemisphären
kann ein Lehrer viel erklären,
was ihn leider kaum voranbringt,
wenn sein Auto nicht mehr anspringt.

Kraftprobe

Herr Meier liegt in Zimmer zehn.
Er suchte durch die Wand zu geh'n,
den Kopf voran, wie ein Berserker.
Man sieht ihm an: Die Wand war stärker.

Glimpflich

Tief im Strafgesetzbuch wühlen
die, die sich verunglimpft fühlen.
Doch hört man kaum, dass jemand schimpft,
man habe ihn zu sehr verglimpft.

Petri Heil

Wenn Sachsen sich zur Elbe drängen
und Schnüre in dieselbe hängen,
kann leicht der Eindruck uns erwachsen,
es handle sich um Angelsachsen.

Das eigene Ich

Ein Philosoph schritt durch die Wiesen
und suchte nach dem eignen Ich.
Das stürzte ihn in tiefe Krisen,
denn was er fand, war fürchterlich.

Stadt und Bürgermeister

Entzückte Gäste drängen durch das Tor.
Die Stadt ist schön. Ihr Glanz ist kaum zu schildern.
Man sähe es auf ungezählten Bildern,
stünde nicht stets das Oberhaupt davor.

Kausalität

Fast hätte ich den Gedanken verdrängt,
dass alles mit allem zusammenhängt.
Doch erinnerte ich mich deshalb daran,
weil von nichts bekanntlich nichts kommen kann.

Ketzerei

Gelegentlich ketzert ein Spötter,
der sich respektlos erfrecht,
Minister und andere Götter
hätten nicht unentwegt recht.

Geographie

Wenn ein Eisberg unversehrt
über den Äquator fährt
und sich dabei nicht verzehrt,
hängt die Landkarte verkehrt.

Dichter werden

Dichter werden wollen viele.
Doch erreichen solche Ziele
manche aus bestimmtem Grund nicht
und sie bleiben immer undicht.

Computer

Computer beherrschen heute die Welt.
Nur haben auch sie ihre Launen.
Wenn die Lichtrechnung Dunkelziffern enthält,
sollte man nicht zu sehr staunen.

Antreten zum Jäten

Aus uniformierten Kreisen verlautet,
unsre Welt sei so verfilzt und verkrautet,
dass jene, welche das Dickicht säten,
endlich antreten sollten zum Jäten.

Saitenspiele

Die Menschheit fand zu Zeiten viel
Belustigung am Saitenspiel.
Doch steht die Mehrheit zwischenzeitlich
bei solchen Spielen eher seitlich.

Die Festgeleimten

Sesshafte, die ein ganzes Leben
auf ihren Vorstandssitzen kleben,
stoßen zuletzt auf solche Klippen,
dass sie mitsamt den Sesseln kippen.

Frühling

Frühling lässt sein blaues Band
heuer in den Büschen hängen.
Warum sich in Rüschen zwängen?
Jeder läuft doch nackt durchs Land!

Pro-Kopf-Verschuldung

Der Bürger trägt in stiller Duldung
die steigende Pro-Kopf-Verschuldung,
weil jene, die die Schulden machten,
pro Kopf sich wohl nicht sehr viel dachten.

Bildungsnotstand

Wer allzu sehr auf Bildung versessen,
hat oft einen schweren Stand.
Gern hätt' er die Weisheit mit Löffeln gegessen,
doch war nie ein Löffel zur Hand.

Letzter Gruß

Ein Zahnarzt zog, und das genoss er,
zwölf Zähne seinem Autoschlosser.
Der legte danach, brav und bieder,
beim Zahnarzt einen Zahnkranz nieder.

Perspektiven

Schön ist an den Perspektiven,
den geraden wie den schiefen,
dass sie sowieso nie stimmen.
Bis auf die besonders schlimmen.

Bärendienst

Stetes Aufbinden von Bären
pflegt die Werbung zu ernähren
und kann doch betroffnen Kreisen
einen Bärendienst erweisen.

Zicken

Vielen sogenannten Zicken
möchte man am Zeuge flicken,
weil ja stets, nicht erst seit gestern,
Zicken über Zicken lästern.

Graue Mäuse

Graue Mäuse sind mitunter
aus der Nähe sehr viel bunter,
wenn man auf die Seele achtet
und nicht nur das Fell betrachtet.

Der Landsitz

Finster ist schon mal das Antlitz
eines Lords auf seinem Landsitz,
wenn der Sitz frisch abgebrannt
und ihm bleibt nur noch das Land.

Regierungskrisen

Nach den letzten Expertisen
dauern die Regierungskrisen,
selbst wenn das total negiert wird,
an, bis nirgends mehr regiert wird.

Fragen an das Leben

Es mag genügend Anlass geben
zu heiklen Fragen an das Leben.
Doch soll das Leben dazu neigen,
sich meistens gründlich auszuschweigen.

Denk-Hobby

Denken ist ein schönes Hobby,
denn es hält das Hirn am Laufen.
Leider hat es keine Lobby:
Denkern kann man nichts verkaufen!

Nordic Walking & Co.

Der Urmensch lernte selbst noch laufen.
Heut muss man sich Geräte kaufen
und braucht vor jedem Hin- und Hergang
erst einmal einen teuren Lehrgang.

Alleskönner

Beinah' an jeder Ecke steht
ein sehr gewiefter Mann:
Er weiß von allem, wie es geht,
und fasst es doch nie an.

Selbstkontrolle

Es lässt sich leider nicht verhehlen:
Instanzen, die uns kontrollieren,
lassen bei mancherlei Taktieren
es an der Selbstkontrolle fehlen.

Vorbild Natur

Will die Sonne noch nicht scheinen?
Mag der Nebel gar nicht weichen?
Hört, die Vöglein zwitschern einen.
Gehet hin und tut desgleichen!

Ende der Stange

Wenn das Ende einer Stange
jemand ohne Grund erklimmt,
fragt sich der Betrachter bange,
ob bei dem wohl alles stimmt.

Armleuchter

Brachial-Illuminator
nennt man manchen voller List,
und verschweigt dem Triumphator,
dass er ein Armleuchter ist.

Das Schweigen im Walde

Der Mensch, zu jedem Irrtum neigend,
hält gerne die Natur für schweigend,
obwohl, unhörbar, auch der Wald
von tausend Stimmen widerhallt.

Berge kreißen

Berge kreißen, heißt es immer,
und gebären eine Maus.
Wäre es nicht sehr viel schlimmer,
käme dabei nichts heraus?

Der Realist

Da war ein Mann, der wollte ganz tief schürfen,
in einem Land, wo Bürger das nicht dürfen.
So gab er nach, ein Opfer seiner Schwäche,
und kratzte tapfer an der Oberfläche.

Der vierte Affe

Drei Affen entdeckten wir schaudernd,
nichts sehend, nichts hörend, nichts plaudernd.
Sie schienen den vierten zu missen.
Der wollte von allem nichts wissen.

Heimatliebe

Ein armer Eskimo in Grönland,
der warme Betten sehr obszön fand,
zog deshalb, auch wenn ihn meist fror,
das Inlandeis dem Ausland vor.

Vorsicht Glatteis

Lasse dich keinesfalls verleiten,
bei Eis den Kriegspfad zu beschreiten.
Der wird im Winter nicht gestreut.
Schon mancher Krieger hat's bereut.

Arche-Typen

Als Noah einst die Arche baute
und viele Tiere drin verstaute,
wie Affen, Esel und Polypen,
da galten die als Arche-Typen.

Gefangen im Speicher

Es schmachtet noch manch inhaltsreicher
Roman tief im Computerspeicher,
der ihn, auch wenn man kreuz und quer tippt,
am Ende oft nicht wieder hergibt.

Die Würfel sind gefallen

Sind die Würfel schlecht gefallen,
muss man sie noch einmal fassen,
statt ergrimmt die Faust zu ballen,
und sie besser fallen lassen.

Das Gleichgewicht

Manch einer geht stolz durch die Welt,
weil er sich für den Klügsten hält.
Die andern glauben ihm das nicht.
So bleibt die Welt im Gleichgewicht.

Genie und Reife

Wenn sich Genie mit Reife paart,
entsteht ein Typ, der Seife spart.
Dagegen ist die Chance klein,
als Schmutzfink genial zu sein.

Gut drauf

Wer nachts gut drauf ist,
kommt schlecht runter
und ist deshalb noch lang nicht munter,
wenn er am Morgen wieder auf ist.

Erhaltung der Feindschaft

Nach jedem größeren Zerwürfnis
ist es den Streitern ein Bedürfnis,
die Feindschaft weiterhin zu pflegen,
auch wenn kein Mensch mehr weiß, weswegen.

Die Kunst der Klage

Lerne klagen ohne zu leiden!
Dann kannst du viele Plagen vermeiden
und sie den Duldsamen übertragen,
die lieber leiden ohne zu klagen.

Der Rufer in der Wüste

Der Rufer in der Wüste schweigt,
denn die Erfahrung hat gezeigt,
dass es gewiss nicht jeden rührt,
wenn er dort wüste Reden führt.

Der Geburtstag

Der Geburtstag ist ein Tag,
den schon deshalb jeder mag,
weil er ihn daran gemahnt:
Es ist später als man ahnt!

Das Wissen

Die Forschung ringt verbissen
um immer neues Wissen.
Und hat sie es dann endlich,
ist es oft unverständlich.

Rabenvater

Lässt Vater Staat sich bei Finanzen
von vielen auf der Nase tanzen,
sucht er das bei den eignen Kindern
mit allen Mitteln zu verhindern.

Herz und Hirn

Willst du Herz und Hirn erweichen,
lässt sich das sehr leicht erreichen,
weil die Welt an Leuten reich ist,
wo schon eins von beiden weich ist.

Das Joggen

Das Joggen hält den Körper jung
und bringt den Kreislauf neu in Schwung.
Wer keine Lust hat, der bedenke:
Es ist nicht gut für die Gelenke.

Das Gemüt

Wer innerlich vor Wonne glüht
bei dem Genuss des Sattseins,
hat zwar ein einfaches Gemüt,
doch immerhin, er hat eins.

Schickt sich das?

Wer ganz vom Anstandsbuch betört,
lebt oft in fremden Welten.
Stets übt er aus, was sich gehört.
Nur Nachsicht übt er selten.

Erfindermesse

Alle Messebesucher guckten
nach intelligenten Produkten.
Die Produkte waren hingegen
den Besuchern weit überlegen.

Späte Erkenntnis

Wer jung war, hatte nichts zu sagen.
Wer alt ist, gilt als ausgebrannt.
Den Tag dazwischen, hört man klagen,
habe kaum jemand recht erkannt.

Das größte Chaos

Man suchte innerhalb des Landes
das größte Chaos und man fand es.
Nun scheitert leider die Vertreibung
an administrativer Reibung.

Zukunft

Zukunft findet morgen statt.
Dann lebt man beglückter.
Denn wer keine Sorgen hat,
gilt heut als Verrückter.

Gegensätze

Die einen sind ganz fürchterlich:
Sie schonen alles, nur nicht sich.
Die andren möchten besser sein:
Sie schonen nichts, nur sich allein.

Licht und Schatten

Das Dunkle an der Helligkeit
erkennt der Mensch mit Schnelligkeit,
wenn er vom Garten, grell erhellt,
über die Kellertreppe fällt.

Erfüllte Kinderträume

Viele Menschen haben als Kind
Clown ihr Berufsziel genannt.
Dass sie es wirklich geworden sind,
ist manchen bis heut nicht bekannt.

Woche der Gesundheit

Das Leben schuf in seiner Buntheit
auch eine Woche der Gesundheit.
Bald feiern wir sie, Gott sei Dank.
Den Rest des Jahres sind wir krank.

Zwerge

Das, woran sich viele stoßen
bei den Zwergen dieser Welt,
ist, dass man die übergroßen
leicht für kleine Riesen hält.

Unterhaltung

Der Arme, der mit seinem Geld
ganze Familien unterhält,
bleibt bis ins hohe Alter
oft Alleinunterhalter.

Formsache

Orden und Ehrendoktorhut,
worüber jeder Staatsmann strahlt,
sind sichrer Lohn, wenn er das tut,
wofür man ihn so gut bezahlt.

Die Kuh der Nation

Der Autofahrer in Person
ist, objektiv betrachtet,
die dümmste Kuh der Nation,
weil man ihn melkt und schlachtet.

Einschaltquoten

Wie trügerisch sind Einschaltquoten!
Leute, die schlafen wie die Toten,
sind nämlich nicht für dumm zu halten,
wenn sie vergessen umzuschalten.

Höhere Lyrik

Es gibt eine Art von Lyrik,
für den Sterblichen zu schwierig,
die vorbei wie Schall und Rauch rinnt
und die nur begreift, wer auch spinnt.

Du sollst nicht!

Du sollst nicht stehlen, ehebrechen,
im Stadtbus mit dem Fahrer sprechen,
und fragst dich manchmal voller Groll:
Gibt es denn gar nichts, das man soll?

Aggressiver Blickfang

Wenn etwas gleich ins Auge sticht,
ohne Respekt und Achtung,
von dem glaub' ich, es tauge nicht
zu näherer Betrachtung.

In der ersten Reihe

Fernsehprogramm der hehrsten Weihe
bietet dem Publikum die Wahl.
Dort sitzt man in der ersten Reihe,
nur leider oft im falschen Saal.

Geschönte Vergangenheit

Oft macht sich das Verlangen breit,
zu schönen die Vergangenheit.
Doch die hat später, frisch besohlt,
schon manchen wieder eingeholt.

Doppelt

So mancher schwört, auf allen Wegen
doppelt stark die Moral zu hegen.
Doch alsbald wird der Eifer schal
und doppelt bleibt nur die Moral.

Kleine Sorgen

Wenn ich die kleinen Sorgen seh',
worüber viele klagen,
scheint mir, es täte keinem weh,
sie schleunigst zu verjagen.

Energie

Aus Kernen kommt, kein Mensch weiß wie,
bekanntlich die Kernenergie.
Wer schwächlich ist, kaut deshalb gerne
zur Pfirsichbowle auch die Kerne.

Schöne Welt

Durch die Wälder, durch die Auen
kann man Autobahnen bauen.
So trifft man viel schneller ein
dort, wo's nicht mehr lohnt zu sein.

Gartenpfleger

Menschen, die fremde Gärten pflegen,
können schnell den Verdacht erregen,
Unkraut, das sie beim einen mähen,
beim andern wieder auszusäen.

Ordnung

Ordnung wirke überheblich,
schwindelt mancher, der vergeblich
danach strebt, sich aufzuraffen
und das Chaos abzuschaffen.

Verhaltensstörung

Die Verhaltensforscher finden,
dass die Jungen wie die Alten
sich aus unbekannten Gründen
überhaupt nicht mehr verhalten.

Lebensberatung

Bei Daseinskater
macht sich erbötig
der Lebensberater.
Das Leben hat's nötig!

Der Schüchterne

Ein Mensch, im zarten Alter schon,
warf bange Blicke vom Balkon.
Der Nachbarsknabe, sehr viel reifer,
warf faules Obst und Fußabstreifer.

Theaterstücke

Theater haben Mut zur Lücke,
denn statt des Ganzen spielt man Stücke.
Mehr ist dem Publikum im Guten
wahrscheinlich auch nicht zuzumuten.

Der Leuchtturmwärter

Kaum einer ist ein großes Licht.
Beim Leuchtturmwärter gilt das nicht.
Der sitzt vergnügt auf seinem feuchten
Platz überm Meer und lässt es leuchten.

Pflichten

Jeder hat so seine Pflichten
und nimmt sie oft gerne wahr.
Mancher tut das auch mitnichten
und lebt trotzdem wunderbar.

Das Problem mit den Problemen

Das Bejammern von Problemen
zählt heut zu den Dauerthemen.
Und wer meint, er habe keines,
ist wahrscheinlich selber eines.

Symptomverwaltung

Ärztliche Symptomverwaltung
ist der pfleglichen Erhaltung
jener Launen zu verdanken,
woran die Computer kranken.

Sinnvoll

Das Leben eilt an uns vorbei.
Wir können es nicht halten.
Drum scheint mir, dass es nützlich sei,
es sinnvoll zu gestalten.

Postwege

Die Flaschenpost erlebt of viel,
bevor sie jemand findet.
Der Postbrief kommt recht schnell ans Ziel,
wenn er nicht ganz verschwindet.

Schlechtes Beispiel

Ein Arzt, genüsslich Whisky schlürfend
vor Patienten, dies nicht dürfend,
versündigt sich nicht an der Logik,
doch heftig an der Pädagogik.

Kunstkritik

Man kann sich dem Einfluss nicht widersetzen
der Leute, welche die Kunst niederschwätzen.
Doch sollten wir ihnen Dankbarkeit zollen,
dass sie die Kunst nicht selbst ausüben wollen.

Sportkanonen

Lautstark feiern Millionen
die lokalen Sportkanonen.
Würden die jemals gewinnen,
wären alle ganz von Sinnen.

Auf dem Weg zum Meisterkoch

Ehret mir die Kochadepten!
Auf der Jagd nach Kochrezepten
bieten sie uns ständig Neues
in der Meinung, jeden freu' es.

Haltung

Hühner-, Buch- und Büstenhalter
sind die tüchtigen Verwalter
jener, die sonst ohne deren
Dienste längst am Boden wären.

Zusammenspiel

Ein sehr erstrebenswertes Ziel:
Behördliches Zusammenspiel!
Bloß scheint es manchmal, dass die vielen
Behörden nur zusammen spielen.

Abstieg zur Freiheit

Mancher sitzt bis zur Pension
höchst würdevoll auf einem Thron.
Steigt er danach vom Thron herunter,
wird er sofort erstaunlich munter.

Alles für die Schönheit

Es wird geliftet und gestylt,
damit die Schönheit länger weilt.
Dennoch behaupten böse Zungen,
ihr sei schon oft die Flucht gelungen.

Reformen

Wir bestaunen die enormen,
stündlich wechselnden Reformen,
die man, da sie niemand wollte,
schleunigst reformieren sollte.

Unfehlbarkeit

Wer Fehler zugibt, ist verloren.
Stets schlägt man sie ihm um die Ohren.
Das führt zum traurigen Vergnügen,
sich selber unfehlbar zu lügen.

Wetter und Mensch

Das Wetter scheint uns überflüssig.
Viele sind seiner überdrüssig.
Dennoch ist es von Wert für jeden:
Worüber sollten wir sonst reden?

Reise ohne Wiederkehr

Lässt du einmal etwas liegen,
wirst du es kaum wiederkriegen,
weil im Zug der Zeit bestimmt
einer mitfährt, der es nimmt.

Das Prinzip

Ein Prinzip ist, nah betrachtet,
etwas, das kein Mensch beachtet.
Vor sich her getragen, tut
es dem Image aber gut.

Fadenscheinig

An unsichtbaren Fäden baumeln
gar viele, die durchs Leben taumeln.
Es wird ja oft und gern beteuert,
wir alle seien ferngesteuert.

Fünf-Sterne-Küche

Golden glänzt die Pracht der Sterne,
wo der Kenner wartend betet,
ahnend den Genuss von ferne,
den der Chef fünf Stunden knetet.

Bürokratie

Bürokratie ist, was man braucht,
wenn nirgends mehr der Schornstein raucht.
Man muss dann nicht mit Brennstoff geizen:
Es lässt sich das Papier verheizen.

Thema Gesundheit

Die Forschung sucht in aller Stille
für jede Krankheit eine Pille.
Die Werbung schafft, nicht so bescheiden,
für jede Pille neue Leiden.

Zwiespältig

Die Menschen kriegen Lohn für Dinge,
die sie vermieden, wenn es ginge.
Die Freizeit füllen sie mit Sachen,
die würden sie für Geld nie machen.

Bildungsprotzerei

Ein dickes Lexikon genügt,
verdünnt mit Nebelschwaden,
sich, bildungsprotzereivergnügt,
im eignen Glanz zu baden.

Schlittenfahrer

Wer in seinen späten Jahren
gerne rodelt wie ein Kind,
muss mit denen Schlitten fahren,
die ihm untergeben sind.

Die Gescheiten

Wir sind beeindruckt von Gescheiten,
die mit enormer Wortgewalt
fast jedes Argument bestreiten.
Nur nicht den eignen Unterhalt.

Krumme Sachen

Wenn Einstein recht hat und es stimmt,
das ganze Weltall sei gekrümmt,
ist es den Menschen nachzusehen,
dass sie gern krumme Sachen drehen.

Das Besondere

Das Besondre am Normalen
lässt auch den Normalen strahlen.
Nur ist es nicht jedem eigen,
das Besondere zu zeigen.

Wintersport

Die Eigenart des Wintersportes
entspricht nicht ganz dem Sinn des Wortes.
Denn wird der Schneefall immer krasser,
dann fällt der Wintersport ins Wasser.

Fern der Heimat

Reisend in den Fernen Osten,
lässt sich's mancher etwas kosten,
das zu tun, was in der Heimat
er bisher mehr insgeheim tat.

Verzicht

Die Hälfte aller wichtigen
Erfahrungen und Lehren,
besonders die nicht richtigen,
könnte man leicht entbehren.

Die Macht der Kleinen

Wenn die Kleinen sich vereinen,
mögen sie sehr zahlreich scheinen.
Doch der Kleinste mit der Leiter
kommt alleine meistens weiter.

Die Kraft der Fakten

Die normative Kraft der Fakten
ist tief verankert in den Akten.
Denn was erst einmal aufgeschrieben,
ist bisher immer so geblieben.

Mentale Heizung

Mönche auf dem Dach der Welt
haben kürzlich festgestellt,
dass man nicht mehr so sehr friert,
wenn man kräftig meditiert.

Geld und Kultur

Auch das ist der Lauf der Welt:
Der Kultur fehlt ständig Geld.
Und, wie jeder schon erfuhr,
fehlt dem Geld oft die Kultur.

Gutes Zusammenleben

Zusammenleben wird sehr leicht
durch einen kleinen Trick erreicht:
Je nach der Schwierigkeit des Falles
darf einer nichts, der andre alles.

Leitende Funktion

Was man oft in der Zeitung fand,
stimmt wohl nicht jeden heiter:
Wer täglich auf der Leitung stand,
wird eines Tages Leiter.

Insel-Erlebnis

Das Wasser kommt. Das Wasser geht.
Doch wenn einmal der Wind sich dreht,
so ist das einen Urlaub wert:
Dann fließt es nämlich umgekehrt!

Sinn im Unsinn

Im Unsinn ruht der Weisheit Kern.
Fast jeder sucht dahinter gern
etwas, das nie darin versteckt,
und freut sich, wenn er es entdeckt.

Beschränkte Haftung

Es scheint, als ob die Fehlerhaften
nicht sehr für ihre Fehler haften.
Aufgrund juristischer Verrenkung
haften sie nämlich mit Beschränkung.

Faltungen

Vielfalt entfaltet viele Falten
und ist oft gar nicht aufzuhalten,
während die Einfalt anders waltet:
Die bleibt dann lieber eingefaltet.

Der Hund kann nichts dafür

Der Hund, sofern er Hund sein darf,
ist liebenswert und niemals scharf.
Nur wenn ein Griesgram ist sein Meister,
lernt er von diesem und dann beißt er.

Arkadien

Das Land der Griechen mit der Seele suchen
wollte ein Mensch, den viel damit verband.
Doch musste er vor jeder Stele buchen
Sanierungskosten für ganz Griechenland.

Unbekanntes Reiseziel

Wir kennen die nicht, die uns steuern,
und niemand weiß, wohin es geht.
Es ist gefährlich, anzuheuern,
wenn nirgendwo der Fahrplan steht.

Die öffentliche Hand

Die öffentliche Hand
zeugt von enormer Klarsicht:
Stets nahm sie, was sie fand.
Nur geben mag sie gar nicht.

Man sollte!

Schon mancher, der es besser wollte,
tat dieses kund und rief: »Man sollte!«
Jetzt wartet, stolz auf seinen Mut,
er darauf, dass es einer tut.

Hoffnungsloser Fall

Dem Menschen, der sich ständig langweilt,
hilft es nicht viel, wenn er entlang eilt
an jedem Wunder dieser Welt,
das er doch nur für Plunder hält.

Jeder hat eine Macke

Ein Geheimnis wird enthüllt:
Als die Götter, die gern lachten,
einst den Menschen Macken brachten,
haben alle »hier!« gebrüllt.

Menschliche Wärme

Das Wichtigste vom Wichtigen
sind oft die scheinbar nichtigen,
doch überaus realen
menschlichen Wärmestrahlen.

Nahrungskette

Es strampeln viele wild um die Wette
am unteren Ende der Nahrungskette
und fühlen sich, bis sie gefressen werden,
doch als die größten Tiere auf Erden.

Das Ei des Columbus

Columbus stauchte einst ein Ei
auf dem Tablett zusammen.
Dass dies bestaunenswürdig sei,
muss von der Werbung stammen.

Das Wort

Am Anfang war das Wort.
Dabei ist's oft geblieben.
Doch wird es, uns zum Tort,
jetzt auch noch aufgeschrieben.

Wo bleibt die Moral?

Staat und Kirche sagen richtig,
die Moral sei äußerst wichtig.
Nur vermissen wir das Streben,
sie den Bürgern vorzuleben.

Das Rätsel des Verschwindens

Wer etwas sucht, wo es nicht ist,
wird es nur selten finden,
obwohl die Dinge voller List
gerade dort verschwinden.

Lauf der Welten

In geschichtlichen Annalen
spiegelt sich der Lauf der Welten:
Alles muss der Mensch bezahlen.
Trotzdem kriegt er es nur selten.

Zum guten Schluss

Lieber Leser, sei versöhnlich,
schien ein Wort dir unwillkommen.
Niemals galt es dir persönlich.
Leser sind stets ausgenommen!